AF191267

© 2022, Christian Hofmann
Herstellung und Verlag:
BoD – Books on Demand, Norderstedt
ISBN: 9783756275403

Christian Hofmann

Sommernächte

Kapitelverzeichnis

Kapitel 1
Sommernächte

Sommernacht
Realität und Traumwelt
Ein Abend
Schützende Hand
Stühle & Tische
Bis man erwacht
Riesig großer Saal
Herz im Zentrum
Tarif-Rekord
Güte und Gottes Licht
Beginn der Sommerzeit
In dem Raum
Über die Zeit
In die Zukunft von heute
Frühlingsgefühl & Neubeginn
Mittwochmittag
Chloroform
Sonnenflut

SOMMERNACHT

Das Leben ist im frühlingshaften
frischen Blühbeginn
Die ersten Blumen färben die Welt
in bunten Farben ein

Alles bewegt sich allmählich in
Leichtigkeit und Frohsinn
Lebensfreude erfüllt die Herzen,
bitte doch auch, das – oh, mein

Rosenblätter und Orchideen
Bliebe doch die Zeit mal stehen
Tulpen, Nelken – Edelweiß, wie der
Lorbeerkranz ist gesteckt, der Lebenskreis

Gänseblümchen und Glückskleeblatt
Maiglöckchen, Schmetterlinge –
Wiesen blühe, welch schönes Erwachen
doch ein jeder Frühling hat

Nach dem langen Winterschlaf,
wenn der Lebenstraum sanft erwacht
Dann funkeln die Sterne wieder im
Reihentanz einer jeden Sommernacht

Reimgedicht, Empfinden 24.03.2022
REALITÄT UND TRAUMWELT

Realität und Traumwelt taumeln
um das Gleichgewicht
Wo die Sterne im Kreise tanzen,
zwischen Nacht und Morgenlicht

Im Lebensfieber
der späten Stunden,
da schwingen Gedanken so
federleicht gleichmäßige Runden

Gedankenzauber im Moment
In nur einem Augenblick werden
Träume zur Realität, einen ganzen
Traum lang bis vielleicht,
-irgendwann nie mehr zurück-

Und auch der Mond erstrahlt
im Licht in vollem Umfang,
an seinem Fixpunkt in der
Weltenumlaufbahn

Realität und Traumwelt, wie reich
und beschenkt ein jeder ist –
der die kostbare Traumwelt im eigenen
Geist oder in eigener Hand doch hält

Die Traumwelt existiert in
endlos lyrischen Weiten
Die Wegweisung in diese,
verfasst auf diesen Seiten

Es ist eine Reise in die
unendliche Spürbarkeit
der Gefühle und aller Sinne
So reich gefüllt für eine ganze Lebenszeit

Fern der Realität bin ich,
gerade wieder in diesem Universums-Augenblick
ich träume mit offenen Augen,
dies ist ein großartiges geschenktes Menschenglück!

Tiefgründigkeit 21.03.2022

EIN ABEND

Ein Abend an dem ich einfach
sitzen bleiben möchte
Vertieft in Gedanken sein und
mich verlieren

Ansatz- und willenlos, einfach im Moment
versinken an dem Platz,
an dem ich mich gerade befinde
Fern der wütenden Stürme und Winde
Einfach sein und verweilen mit
meinen Gedanken, sinken in die tiefe Nacht,
in der denke ich nicht über
Morgen oder über die Zukunft nach!

Im Leben pendeln zwischen Sekundentakt
und dem Wimpernschlag
Fern der Vergangenheit und dem Tod, ich tanze
durch die Nacht in den neuen Tag
Einmal so tun, so leben –
Als käme die letzte Nacht und
als gäbe es keinen Tag mehr nach
dem anbrechenden Morgen

Würde ich befreit und schwerelos
durch die Nacht der Sterne und
des Mondes tanzen –
Frei von allem Kummer aller Sorgen!?

Tiefgründigkeit 20.03.2022
SCHÜTZENDE HAND

Stile im Raum
Stile übers Land
In Ruhe und Reinheit wiegt
des Vaters schützende Hand

Im rauen Wind und beim
starken Sturm der tobt –
Da legt sich der Abend über den Tag,
zum Gebet ins Abendlob

Bei allen Wellen die brechen,
wo neue Tage in die Meere stechen
Wo der Horizont als Ewigkeit erscheint,
das ist Leben weit und breit!

Tiefgründigkeit 21.03.2022
STÜHLE & TISCHE

Stühle und Tische sind geräumt
Raum ist leer – Boden gefegt
Gefühle ernüchtert und ausgeträumt
Sturm der Euphorie hat sich gelegt

Das Wolkenbild, das sich am
Himmel zeichnet und scheint im Licht –
Es verfärbt sich zum Abendhauch
Violett-rosaroter Himmel, ein Gedicht

Der letzte Traum löst sich auf,
wie die Nebelschleier vor der Veränderung
Der Atem wiegt so schwer auf der Brust,
Wünsche ziehen sich in Verlängerung

BIS MAN ERWACHT

Alles was geht,
nix was bleibt!
Alles was bleibt –
Fortschritt der Zeit!

Träume werden geträumt,
bis man aus ihnen erwacht
Tageslicht bricht rein,
am Ende der Nacht

Am Start geht's los –
Bis zum Schluss, das Ziel
Freude und Trauer im Wechsel
der Wahrnehmung, vom Gefühl

Sonne geht auf
Sonne geht unter
Treppen gehen rauf
Und die Stufen wieder runter

Berge und Täler
Ebene Wege –
Endlose Straßen und
schwerbegehbare Stege!

Gedanken-Beschreibung 12.03.2022
RIESIG GROSSER SAAL

Samstag –
Ich sitze wieder mal da und
ich bin meinem eigenen Leben fern –
Nur den Gedanken der Zeit so nah!

Die Zeiger ticken, drehen sich
auf der Uhr im Takt
Das Pendel schwingt, das Denken
hat mich wieder mal gepackt!

Meine Gefühle rotieren, allzu
gewohnt in diesem Strudel
Keine Richtungsänderung –
Starr und verkeilt ist mein Ruder!

Die Richtung ist und bleibt
permanent und konsequent gleich
Herz und Seele sind verwirrt!
Der Kopf spielt seinen Streich!

In den Strängen der Nerven,
in den Gängen der Gedanken –
wieder einmal mehr umhergeirrt!
Ohne Ausweg dort verfangen!

Ich habe diesen Platz diesen Ort der
Tiefgründigkeit schon zu oft aufgesucht!
ich habe versucht ihn zu verlassen! Doch scheint es
mir,
als ob jemand anderes meinen Aufenthalt dort bucht!

Die Seele ist ein riesig großer Saal
Ein Speicherort!
Alle Gedanken und Träume sind dort,
sie kommen von da niemals mehr fort!

HERZ IM ZENTRUM

In klaren Momenten wie diesen,
wenn Seele und Herz
im Zentrum der Mitte sich befinden, da
erscheinen mir Gedanken wie Momente so greifbar
nah!

Die Depression, Druck
und Zwang und Pflicht und Bedenken
rücken so fern und tief wie
in einen Kellerraum!

Und mein Teller,
er ist wieder gefüllt mit
guten Zutaten und es blüht wieder auf
mein großer Lebenstraum!

Was das Schreiben mir doch gibt
Welche Türen es mir öffnet!
Unbezahlbarer Reichtum für das Herzgefühl

Kein materieller Gegenstand kommt
jemals daran!
Egal und ganz gleich wie hoch der Wert auch
wiegt und wie viel!

Autobiografie, Literatur 17.03.2022
TARIF-REKORD

Ich bin in meinem
SCHREIBAKKORD
Prämien-Vers, Reimgedicht
TARIF-REKORD

Ich knalle dir Zeilen in
Sekundenschnelle hin
Dichter, Denker, Autor –
2.Person, die ich in mir bin!

Der Christian wohl,
das verletzte Kind!
Der Dichter der um Wohlergehen und
die Wahrheit sind besinnt und ringt!

Denker und Autor,
der die Zeile bringt
Melodie des Lebens, zu dem
dieser Text als Lyrik vom Lied erklingt!

Kurzgedicht 16.03.2022
GÜTE UND GOTTES LICHT

Ich bin mit den Gedanken so fern vom
-Aktuell- und vom -Jetzt-
Mein Körper statisch, doch der Geist
in Gedankengänge versetzt

Fern und weit vom Elend und
vom Mistdreck dieser Zeit!
Eine Seelenmauer die ich errichte,
ein Leben gebaut auf Traurigkeit!

Im Moment der Traurigkeit,
wo die Zeit für jene Träne bleibt –
Da schreibe ich dieses kleine
Reimgedicht

Mit aller Hoffnung und
mit Zuversicht auf Wärme
für die Güte und auch für
Gottes Licht

Gedanken, Empfinden 17.03.2022
BEGINN DER SOMMERZEIT

Einfach mal sitzen
Die Gedanken treiben lassen
Der Stift in der Hand wird
seine Zeilen verfassen

Paar Tage vor dem kalendarischen
Beginn der Sommerzeit –
Hier drinnen ist es gemütlich, draußen
verregnet, aber mild, der Frühling ist nicht mehr weit
Ein freier Tag, frei genommen
von der Arbeit, vom Job, vom Geschehen
So verfasse ich diesen Text, was
er bringt, das werde ich noch sehen!

Die in Windeseile vorbeigezogene Zeit –
Nun schon wieder Vergangenheit,
diese ergreife ich in der Gegenwart
Denn ich bremse, blicke zurück, lang und weit!
Im Herz und auf der Seele
herrscht eine Winterskälte, der Sturm raunt laut
Doch der Frühling legt sich
sanftmütig auf die Haut

Meine Seele empfindet viel zu dieser Zeit
Sie fühlt und weint
Doch auch jeder Regen geht vorbei und nur
im Winter, da wird's schnein'

Entspannungs-Beschreibung 16.03.2022
IN DEM RAUM

Ich sitze im Raum,
schließe die Augen
Ich lausche dem Meeresrauschen

Ich höre die Wellen wie sie
ans Ufer schlagen
ich höre die Töne, das
gereihte Schreien der Möwen

Es sind sommerhafte sonnige Tage

Ich sitze im Stadtpark,
ich schaue wie die Wolken ziehen
und vernehme das Gezwitscher der Vögel

Meine Gedanken kreisen und fliehen
im Sommerduft durch den frischen Wind
in der herrlich warmen Sommerluft

Ich betrachte die bunte Farbenpracht
der Blumen die blühen
Frische Lebensenergie, welche die Tage
voller Leben versprühen

Es sind sommerhafte sonnige Tage

Es sind sommerhafte sonnige Tage

Gedanken-Beschreibung 14.03.2022
ÜBER DIE ZEIT

Die Zeit schreitet einfach voran
Sie schaut nicht nach links,
sie schaut nicht nach rechts!
Die Zeit fragt nicht;
„Warum"
„Wieso"
„Weshalb"
Weder nach „Wie"
und auch nicht „Wann"!

Die Zeit sie ist stur!
Permanent in ihrem Konstrukt!
Festverankert im Zeigerverlauf!
Ohne ein „Piepen" ohne ein „Zucken"!

Die Zeit sie lehrt uns!
Die Zeit sie macht weise!
Die Zeit ist unaufhaltsam,
zieht durch die Lebenskreise!

Die Zeit ist unbestechlich!
Zeit ist verlässlich,
denn sie ist nicht vergesslich
Sie hat schon Vieles gesehen –
Ob schön oder hässlich!

Reimgedicht 16.03.2022
IN DIE ZUKUNFT VON HEUTE

Mit dem Beginn der Sommerzeit,
kommt auch das Frühlingserwachen
Vogelgezwitscher in der Frühe des Morgens
So wird man klangvoll geweckt

Die Welt trägt wieder ihr Sommerkleid
Bunt und farbig wird der Sommer es machen
Alles blüht wieder auf in jeglicher Pracht,
das Leben wird neu eingedeckt

Die Sonne wird strahlen und scheinen,
in ihren Stunden am Tag
Sie wird Felder und Wiesen erwärmen,
lässt wachsen und gedeihen an Lebensfreude

Die Düfte der Blumen werden vereinen
Mensch und Leben wie der Sommer es mag
Sommerträume werden entstehen,
werden getragen in die Zukunft, von heute an!

Melancholie 15.03.2022
FRÜHLINGSGEFÜHL & NEUBEGINN

Vermischt vom Frühlingsgefühl
und vom Neubeginn, welcher in der
Luft liegt und spürbar ist – Eine Brise frischer
Lebensgeist der von neuem Leben spricht

Seltsam inmitten vom ungeordneten Zustand,
da sortiert sich etwas – wahrnehmbar
Schwer aber zu deuten, zu realisieren, so wie
der Tag, der heute ist und morgen war!

Alles vermischt sich im Chaos –
Im Untergang und zugleich doch auch
In Frischgefühl –
Der Beginn des Neuanfangs

Frühlingszeit,
sie naht doch sehr
Befüllt sie Geist und Seele
mit Trost und Glück einher!?

Schwer begreiflich, so
nahezu unfassbar!
So surreal, aber alles tatsächlich!
Echt! Klar! Jetzt – so wahr!

Alles bricht herein
Verzweiflung und Mut
Trauer, Liebe Glücksgefühl –
Frieden auch und Wut!

Seltsam fremd und doch vertraut
So lebt es sich unter meiner Haut!
So vermischt das „Farbengrau" –
Der Grund schwarz/weiß, der Himmel blau!

MITTWOCHMITTAG

Es ist Mittwoch
Mitte der Woche
Nach Dienstag –
Vor Donnerstag
Es ist Mittag
Nach Vormittag
und vor Nachmittag
Mittwochmittag 12 Uhr

Mitte der Woche
Mitte des Tages
Mitte der Zeit
Mittagspause –
Die Mitschrift,
die ich hier gerade jetzt
mir beschreib'

Mit und ohne
Hit und Krone
Shit und Bohne
Split und Drohne
Mein Kopf ist so voll!
Darum Wortspielerei!
Diese dient zur Entspannung!
Gedanken mit oder
ohne einen Zusammenhang!?
Egal! Denn Gedanken sind frei!

Autobiografie, Literatur 21.03.2022
CHLOROFORM

In diesem Leben muss man sich
ein bisschen Patte beiseiteschaffen!
Um sich an seinem Traum,
um sich ans große Ziel zu machen!

Dies ist mir im Leben halt
leider nicht gelungen!
Darum bin ich meine Texte in aller Stille
am Summen, bis sie irgendwann werden gesungen!

Es ist ein Hauch von Trauerschmerz!
Worte aus schwerer Seele und von gebrochenem Herz
Doch auch etwas Sarkasmus und Ironie,
verbinden sich und zelebrieren hier!

Wenn die Zeit also mal eng wird
und mir am Ende wirklich nichts mehr bleibt –
Dann trommele ich auf Blechbüchsen
und Dosenpfand –
So singe ich meine Texte wie es mir halt nur möglich
bleibt!

Auch dies ist autobiografisch
Der Autor sitzt am Schreibtisch
Frische Reime, frische Verse, frische Thesen –
Und am Ende wohl weggewischt, so als wäre nix
gewesen!

Wieder mal des Dichters neue
Autoren-Entdeckungsform!
Am Ende aller Summe, nichts weiter
als nur Chloroform!

Reimgedicht 25.03.2022
SONNENFLUT

Sonnenlicht fällt ein über
Wiesenfelder-Land
Es bringt Wärme, Blumen blühen
herrlich schön und bunt wie von Zauberhand

Am frühen Morgen erwacht ein
neuer Tag im frischen Glanz
Die Sonnenflut bringt Lebendigkeit –
Das Leben bewegt sich im Freudentanz

Welch herrliches Gefühl, diese Pracht,
diese Schönheit des Lebens zu betrachten
Inmitten des Sommers dann unter freiem
Sternenhimmel bis in den nächsten Morgen
übernachten

So viele Träume, die in den
Sommernächten doch entstehen
Warme Abendwinde, die als
angenehme Lüftchen wehen!

Und auch ein jener warme Sommerregen,
legt sich sanft und wohl auf die Haut
Dieses Wohlempfinden von Herz und Seele –
Kostbar, schätzbarer Wert und so vertraut

Kapitel 2
Lebenskreis

Die ersten Lebenstage
Lebenskreis
Wurzel im Kern
Bis in den Schoß
Der Bär
Neue Zeit
In diese Welt
Tage werden wieder bunter
Linie der Ewigkeit
Wenn dunkle Stunden sprießen
180 Grad
Letzter Text

Reimgedicht, Kindergedicht 26.03.2022
FRÜHE LEBENSTAGE

Es ist so schön, dich
aufwachsen zu sehen
Wie du aufmerksam zuhörst und
du beginnst Wörter zu verstehen

Wie du versuchst schon zu
erzählen mit deiner niedlichen
kleinen kindlichen Sprache –
Du bringst die Sonne in meine Tage

Wie du nun schon malst, in
all den bunten Farben
Möge dich Fröhlichkeit, so wie
deine gemalten Bilder dich durchs Leben tragen

Wie du Treppen lernst zu steigen,
wie du Selbstvertrauen spürst, ganz eigen
Mein Kind, das du immer größer wirst
Diese Zeilen sind für dich, ich möchte, dass du sie
hörst

Die frühen Lebenstage, die ersten Jahre –
Wo sind sie so schnell nur hin, wo geblieben!?
Die Zeit vergeht so schnell –
So vieles habe ich dir nun schon geschrieben

Reimgedicht 26.03.2022
LEBENSKREIS

Vergeudete Zeit, wie hoch wäre sie
in gemessener Tagesmenge!?
Ich meine die verbrauchten Stunden für nichts
und sinnlose unnötige Gänge!
Sämtliche Wartezeiten, die
vergangen sind – dort und hier!
Zeitvertreibt und Kraftlosigkeit, welche
Traurigkeit – auf diesem Blatt Papier!?

Was machen wir aus unserem Leben?
Wie sorglos verplempern wir manche Zeit?
Denken doch, wir leben ewig – so erschleicht
sich dieser Gedanke in der Gewohnheit!
Nichts ist selbstverständlich, alles
was war beginnt und endet schlussendlich!
Die Zeit ist eine lange Lebenslinie oder
ein Lebenskreis, den wir doch alle ziehen

Wir sind jung, kindlich, freuen und spielen
Wir wachsen zum Erwachsenwerden auf
Wir verlieren Bezug, vergessen vielleicht,-
auf dem Weg durch unseren Lebenslauf!
Erlebnisse und Erfahrungen,
verändern lassen uns jedes Bedenken vorm Entscheid
Alles richtet sich im Ermessen,
von unserer bestimmten Lebenszeit

Reimgedicht 26.03.2022
WURZEL IM KERN

Ein kleines zartes Pflänzchen blüht,
doch die Wurzel kräftig tief im Kern
Auch ein Bäumchen wird zum Baum
und aus dem „Träumchen" wird ein Traum

Wo die Wolken am weiten Himmel ziehen,
da ist die Freiheit groß und weit
Immer entlang des Weges zum Horizont,
da gibt's kein Ende der Zeit

Im Wohlbefinden von Muttererde,
in der Weite ihrer Natur –
Da bin ich lebhaft und zu Hause
Und da bin ich existent doch nur

Frische Winde sehen und
versprühen frische Luft
Zu allen Jahreszeiten in den Quartalen
wiegt frei der Lebensduft

Im Winter bei Schnee und Kälte
Im Frühling, wenn alles neu erwacht
Im Sommer, wenn alles blüht und es übergeht
vom Spätsommer in herbstlich-frische Nacht

BIS IN DEN SCHOSS

*Liebevoll und zart, so
begleitet das Mütterlein
ihr Kind
auf den Wegen durch sanften Regen –
durch Sonnenschein und
leichten Wind*

*Es trägt das Kindlein
durchs Leben
von der Wiege bis in den Schoß
Behütet und beschützt,
bis das Kind
wird erwachsen und wird groß*

Kindertext, Kinderreim 26.03.2022
DER BÄR

„Kiek-e-
Kiekeriekiee"
So grüßt fröhlich der Hahn
am Morgen in aller Früh'
„Wau-Wau"
„Wau-Wau – Wau-Wau"
So bellt fröhlich der Hund, wenn
er sich freut und auch zur Futterstund'

„Miau-Miau"
„Miiiaaauuuu"
So macht die Katze und streicht ums Bein,
sie möchte gestreichelt und gefüttert sein
„Grrr, Grrr"
So macht im Wald denn wer?
Nicht der Wolf, nicht der Fuchs und auch nicht Biber –
Sondern,- errätst du es!? So macht der Bär!

Die Maus sie wühlt, das Schaf macht „Mäh-Mäh"
Der Kuckuck, er macht „Kuck-kuck"
Das Vöglein pfeift und das Reh es hüpft –
Sieh es dir an – Guck, guck!
Die Ente watschelt und der Frosch,
er „quakt" oft am Tag
Die Tiere tief im Wald, sie
halten alle einen Winterschlaf

Autobiografie 21.03.2022
NEUE ZEIT

Ich wähle eine Umstrukturierungs-
Verwaltungs-Option
Neue Form, neuer Weg für den
beruflichen Alltag meiner Person
Heute hier und morgen da
Damit komme ich wohl besser klar!
Keine feste Bindung mehr!
Mit Beschleunigung aber bitte sehr!

Je mehr ich sehe und mach'
Desto besser geht's mir am Tach'
Sorgenprobleme, Hektik und Stress –
Davon will ich nichts wissen!
Denn die Güte meiner Nerven,
waren schon oft aufgerieben im Alltag,
von Saftläden die sich nannten Arbeitsplatz –
Meine Nerven waren sehr verschlissen!

Darum nun für mich,
neue Möglichkeiten nun entdecken
Neue Gebiete in verschiedenen Städten,
auf völlig neuen Flecken
Viel zu lange schon alles ausgehalten
Die Zeit ist an der Zeit zum Umgestalten
Zwischen Kurswechsel und Gewohnheit –
Auf in meine neue Zeit!

IN DIESE WELT

Ich wurde geboren in diese Welt, Regeln und Lauf,
waren vor Geburt schon um mich bestellt!

Ja, es ist mein Leben, mein Recht auf dieses!
Auch zu gestalten, doch wie weit darf ich bestimmen,
entscheiden und wie weit inwiefern,
tatsächlich meine eigenen Wege gehen!?

Bin ich zu frei in meinen Entscheidungen?
Hätte strengere Zucht und Ordnung in
Großvaterhand mir besser wohlgetan!?
Warum um alles in der Welt, denke ich nur
so viel über mich und dieses Leben nach!?

Warum tue ich mich so schwer –
Warum schwimme ich gegen den Strom?
Im Fluss der Masse wäre wohl um einiges leichter,
doch dabei breche ich mir alle Zacken von der Kron'

Ich könnte weinen vor Freude!
Tränen könnten fließen, denn bei
aller Schwere meiner Wege bin ich froh,
so zu empfinden und so zu fühlen!

Fluch und Segen, die sich nahtlos
In Eins vermischen!
Lügen schlucke ich nie! Ich weiß,
ich würde kotzen Bänke voll und auch die Tische!

Diese Zeilen tragen dazu bei –
Zu meinem Beistand, gefühlte Gänsehaut
Fühlbar und erreichbar nur für den, der keine
Furcht hat und der Wahrheit in ihr Antlitz schaut!

Ich brauche zum Schreiben diese Zeit!
Auch wenn keine Wunde jemals heilt!
Was kann ich tun, was entgegenbringen, als wie
dies zu tun, auf die Schreibkraft mich besinnen!?

Schon viele Bücher und somit eine
hohe Seitenanzahl verfasst!
Gefühlt und geliebt –
Geflucht und auch gehasst!

Beschrieben manches Reimgedicht,
mit den feinsten Worten
Doch bereist und aufgehalten,
habe ich mich an den schrecklichsten Orten!

Drum weiß ich am besten, wie es ist,
wenn du unverstanden bist!
Kein so leichtes Leben, wenn du nicht
so tickst – wie andere nach allen Regeln!

Dichter, Denker sind im System,
nicht allzu gerne gemocht!
So treffe ich den Nerv der Gesellschaft!
Gezielt und eingelocht!

Wie oft schon gewesen,
im Verfall der Depression!?
Wie oft schon nah dem Zerfall,
in so manch einer Situation!

Doch immer wieder aufgerichtet
Über alles und jeden meinen Vers gedichtet!
Und so bleibt es mir nicht genug –
Ich kämpfe um jeden positiven Zug!

Ich existiere in Raum und Zeit
Wahrlich mit Tinte auf Papier!
Kein Mensch wird dies jemals verstehen,
weil er es niemals kapiert!

Empfinden 29.03.2022
TAGE WERDEN WIEDER BUNTER

Schon oft erlebtest du Tage,
an denen es dir erschien, -
als ginge die Welt unter!
Aber nach jedem Regen kam die Sonne
Nach dem Winter doch der Frühling
Und graue Tage wurden immer wieder bunter!

Jede Zeit die ein Ende bescherte,
so schien verloren, - ein jeder
jeglicher denkbare Neubeginn
Wo alles so trostlos, ohne Hoffnung schien,
so bekam alles doch wieder
einen neuen Sinn

Nur du selbst allein,
du weißt um die
Ruhe und deinen Sturm der Seele dein
Jeder Regen, wie stark er auch ist,
er lässt nach in der Strömung Kraft
Verstehe und begreife, erinnere dich –
An alles, was du schon hast geschafft!

Reimgedicht 29.03.2022
LINIE DER EWIGKEIT

Bunte Farben
Lebensfreude
Verlassenes Gestern
Beginnendes Heute

Straßen aus der
Vergangenheit
Umgebaut zur Zukunft –
Aktuelle Zeit

Wochen, Monate
Jahre sie vergehen
Die Zeit steht niemals still
Im Fortschritt und
im Lauf von Zeit –
So taumeln wir auf der
Linie der Ewigkeit

Bilder des Lebens
Gemälde vom Zeitgefüge
Maler, Dichter, Philosophen –
Aufgeschlagen weit sind Poetenflügel

Die Kunst des Künstlers
Alle Form in Kunst zu bringen
Geschrieben, gebaut, gemalt –
oder einst verewigt im Gesang ihrer Stimme

Positive Kraft in Gott finden 26.03.2022
WENN DUNKLE STUNDEN SPRIESSEN

Gott, ich bitte um deine Hilfe
Um deinen Beistand
Es geht nicht um mich, es geht um mehr!
Es geht um die Menschen, die ich liebe,
deren Leben mir wertvoller erscheint als,
das Heilen meiner Seelennarben meiner Wunden
und all dem Leiden, denn es ist doch geblieben!

Ich bitte dich Gott, dich –
Und um deinen Beistand
Nichts erscheint mir dringlicher und wichtiger!
An wen anders, als wie dich kann und soll
ich mich denn wenden!?

Ich habe mit aller Kraft und Vernunft,
immer versucht in Frieden zu leben!
Ich hielt Kopf und Kragen hin, mehr als einmal!
ES GIBT SO VIELE BÖSARTIGE MENSCHEN
IN DIESEM LEBEN – IN MEINEM UMFELD!!!

Aber jetzt geht's um mehr
Es geht um alles was mir heilig ist
Ich bitte dich Gott, um deine
Stärke, Zuversicht und deinen Beistand

Bitte, schreite nun ein!
Bitte lieber Gott!
Schenke die Kraft, den Beistand
in dieser Notwendigkeit!
Schenke mir an Beidem in vollem Umfang
meines Vermögens wie ich sie nur verwenden kann!
Amen!

180 GRAD

Neuer Plan, neue Richtung!
Kräfte sammeln, sortieren, neu anfangen!
Alles wird gut, es wird gelingen
Herz und Seele auf Kurs nun bringen!

Ruhe und Einklang –
Wieder bodenfest!
Ich räume die Zweifel aus,
sowie den Rest!

Kein Platz mehr für Dreck und Unrat!
Ich werde drehen und wenden um 180 Grad!
Die Zeit sie tickt, die Stunde kommt!
Das Blut in Wallung, meine Karosse rollt!

Ärger und Zorn bleiben zurück!
Ein letztes Mal, dann der neue Schritt!
Verderb und Elend, es stirbt nie aus!
Ich zück die rote Karte! Ende! Stopp und raus!

Kein -REWIND-
Es geht nur voran!
Das Maß ist voll und zwar
bis zum Rand!

Abschlussgedanken 30.03.2022
LETZER TEXT

Kapitel 1 und 2, sie wecken
in mir einen neuen Lebensgeist!
Sommernächte, Sommerträume –
Sonnige Zukunft, bitte starte heute!

Doch auch Kapitel 3 –
Welches nun folgt, gehört dazu!
Kein toller Inhalt, doch die Medaille
sie hat 2 Seiten, quid pro quo!

Hell und Dunkel – bunt-schwarz/weiß
Quadrat und Dreieck – Rundenkreis!
Anerkennung, Müh' und Fleiß
Alles im Leben trägt seinen Preis!

Das Gute an der Depression,
stellt fest mein ICH, meine Person;
Dankbarkeit und zu schätzen wissen,
wenn wir gute Tage missen!

Ich allem Schlechten, doch auch
das Gute ergründen und verstehen!
Lehre und Fazit, kein zweites Mal mehr
auf falsche Wege gehen!

Kapitel 3
Starkregen
(Arbeitsplätze und Depression)

Berufsberater
Dem Clown...
Im Omen des Nomens
Individualität
Keine freie Entfaltung
Projekt & Leiter
Noch nix verlor'n
Zurück ins Lichtermeer
Abgezockt!
Ungerechtigkeit & Hungersnot
Der Sturm tobt
Einfach fließen
Trauer
Überforderung
Kindesempfinden
An meiner Seite
Schimmelbude

BERUFSBERATER

Berufsberater und Jobvermittler,
einige sind schnell fertig mit dir!
Denn sie haben weder die Muse noch die Zeit,
sich in deine Lage zu versetzen!

Deine Träume, deine Wünsche –
Deine Ziele, deine Stärken –
Dein Talent, dein starker Wille –
Dies alles interessiert sie nicht!

Sie sind angestellt vom Amt
Sie haben ihr festes und geregeltes Einkommen!
Sie erzählen dir lediglich, welche Jobs zur Verfügung
sind
Sie wollen dir erzählen, was du zu tun und machen
hast!

Wenn du in diesem Leben etwas
erreichen möchtest –Dann musst du deine eigenen
Wege gehen, voller Überzeugung und
Willenskraft ohne ein „Wenn und Aber"!

Diese Leute, die dir erzählen;
„Kannst du nicht"! „Wirst du nicht"!
„Schaffst du nicht"!
Sie erzählen dir, von ihrem Unvermögen!

Sie weisen dir ihre Grenzen auf!
Sie wollen ihr eigenes Scheitern dir weitergeben!
Wenn du an etwas glaubst und es gerne tust –
Dann musst du es tun und deine eigenen Wege gehen!

Auch mögliche Freunde und Menschen die dir
überhaupt nicht im Geringsten etwas gönnen
Welche dich von deinen Träumen wegbringen,
diese raten dir von deinen Träumen und Ideen ab!

Ich versuche meinen Weg zu gehen
Darum meine Zeilen, für alle und jene
Für die Träumenden und Denkenden
Für die Bedachten und Verschwendenden
Für Realisten und „Träumerle"
Für Teilnehmende und wahrhaft wirklich Lebende

DEM CLOWN GING DAS LACHEN NICHT VERLOREN

Nicht die Arbeit an sich ist das Problem!
Ich möchte beruflich etwas vollbringen,
was ich selbst bestimme und wähle!
Keinen x-beliebigen Job ausführen!
Ich möchte voller Überzeugung mein Werk tun!

Dies verspüre und verrichte ich,
lediglich beim Schreiben!
Mal hart zu ertragen, schwere Lebenslage –
Mal steilgehend geile Zeilen!

Wenn ich keinen Sinn oder
keine Erfüllung erkenne, so
werde ich sehr schnell depressiv!
Und ich verliere mich!

Ich zerfalle in Gedanken, Träume
und in Hilfslosigkeit –
Zweifel, Kummer, Trauer, weil ich nicht tun
kann, was ich mir vorstelle und was ich möchte!

Im Augenblick ist der Kopf so voll!
Input über Input, das Datenvolumen
meines Schädels ist aufgebraucht!
Ich kann keinen klaren Gedanken mehr fassen!

Alles dreht sich derzeit um die
erforderliche Kohle – also finanzieller Art
Ein Arbeitsplatz, der mich täglich kaputt macht!
Mein Körper ist da, doch mein Geist ist weit entfernt!

Dem Clown ging das Lachen nicht verloren,
man hat dem Clown sein Lächeln gestohlen!
Kein breites Grinsen mehr im Gesicht –
Leere, die nix erzählt, doch für sich spricht!

IM OMEN DES NOMENS

Frust im Job und dazu eine gehörige
Portion Depression!
Mein Anker, meine Festung, mein Zuhause –
Die Lyrik und dazu Ventil!
Wer dies hier nicht versteht,
kapiert von meinem Lebenswerk nicht viel!

Reime aus dem wahren Leben
Situationen maßlos überzogen und bis hinten gegen!
Durch Feuer, Wind und Eis, durch Sturmtief
und auch durch jeden harten Regen

Das Schreiben mein Omen!
Gruß und Dank zugleich dem Adjektiv, Verb und
Nomen –
Meines Lebens Segen!
Ich versprühe Zeilen
Düster und auch voller Energie!
Alles was das Leben bietet, derbe
doch auch feinste Poesie!

Die Liebe und Leidenschaft zur Sprache unerklärlich!
Doch bei uns beiden stimmt die Chemie!
Zutaten des Lebens verfeinern
den Ton und auch den Klang
Reime schreiben und verfassen,
möchte ich und werde ich mein Leben lang!

INDIVIDUALITÄT

Individuell sollst du sein
Dies predigen sie dir sehr lange ein!
Doch bleibt dies nicht von langer Dauer!
Denn am Arbeitsplatz wiegt dies nicht lange!
Du sollst Einheit sein, Etikett von der Stange!

Entfalte dich, gern ausgiebig!
Doch nur so viel, wie man dich will!
Zappel' vor Freudeglück –
Doch halte dein Maul und halte still!

Der Arbeitgeber und Vaterstaat,
sie wollen dich gefügig und handzahm!
Du sollst spuren ohne Widerworte!
Sie sind die Clowns auf deiner Torte!

Meine Texte, diese –
Gefallen hier nicht jedem!
Denn sie verkünden Wahrheit
aus diesem Leben!

Kein Kindergeburtstag,
keine allzu netten Zeilen!
Die Wortwahl meiner, ja –
diese ist sehr eigen!

Gehorsam und ohne eig'nen Willen
So wollen sie dich, zu ihrem besinnen!
Frei vom Denken, keine Freiheit!
Sie wollen dich lenken, erziehen in Feigheit!

Und Vaterstaat und Behörde spricht;
So viele die nicht arbeiten!
Die unnütz an ihrem Tag verweilen!
Wir müssen Kurse und Maßnahmen ergreifen!

Dieses Schema, es wird nie veralten!
Menschen müssen wir verwalten!
Denn wo kommen wir nur hin, wenn sie
denken und begreifen und sich frei entfalten!?

Arbeit 21.03.2022
KEINE FREIE ENTFALTUNG

Am Arbeitsplatz –
Im Job derweil
Da verschwende und vergeude ich,
meine wertvolle Zeit!

Keine freie Entfaltung!
Dies stört meine kreative Phase
Es dauert nicht mehr lange,
dann breche ich aus, so läuft der Hase!

Herzrasen und Schwindel!
Dazu noch Übelkeit –
Dies kann nicht der Sinn
vom Leben an meinem Tage sein!

Ich habe mich mal wieder
in die Nesseln gesetzt!
Um dieses Verständnis, erlange ich
nun die Erkenntnis und begreife es jetzt!

Wieder mehr auf die Tage und
einen neuen Morgen freuen,
als wie ständig das Empfinden zu verspüren –
„Schon wieder so ein Dreckstag"!

Wieder mehr zu meinen Prinzipien
und meiner Ideale stehen!
Wieder mehr auf mich achten!
Frohen Mutes meine Wege weitergehen!

Nicht beirren lassen!
Das Boot voller Verräter verlassen!
Lieber doch den Ratten folgen, als am
Tisch zu sitzen, wo ich nie sitzen wollte!

PROJEKT & LEITER

Ich sitze allein auf weiter Flur!
Von den Kollegen keine Spur!
Die ruhen sich aus, auf meine Knochen!?
Können sie knicken! Versprochen!

Sie tun so, als seien sie krank!?
Ich tu so, als würde ich arbeiten!
Wie ihr mir, so ich euch –
Wir legen uns alle doch, immer ins Zeug!

Der „Projektleiter" hat als
Projekt die Leiter!
An dieser er scheitert,
denn es geht nicht weiter!

-Mundart-
[hessisch;platt, ortsabhängig]

„Doas sei verrigte Geschichte
iwer dey muss aich berichte!
Su läft da Hoas un keyer woas!
Doas aes an gewittische Schaeß!
Doas stinkt vo alle Saere!
Doas aes key langwällijer Forz!
Wey aut!
Wey aut!
A Forz mit Haut! Pfui!

Ja dies sind verrückte Geschichten
Über die muss ich berichten!
So läuft der Has' und keiner war's!
Das ist ein gewittriger Scheiß!
Das stinkt von allen Seiten!
Das ist kein langweiliger Furz

Wie was!
Wie was!
Ein Furz mit Haut! Pfui!

Kampfansage Depression 18.03.2022
NOCH NIX VERLOR'N

Den Schatten –
Tief im Nacken!
Die Sonne, sie
ist weit voraus am
Horizont
Ohne Bereitschaft und
ohne Willen –
so wurde noch nie
ein Kampf gewonn'

Weiter Richtung
Lichtblick
Kein Weg jemals
zurück!
Nur nach vorn!
Solange das Spiel läuft,
solange ist
noch nix verlor'n!

Das Glück fällt einem
meist nicht in den Schoß
Ohne Arbeit, Müh' und Fleiß –
geht keine Reise jemals los!
Träume haben und
an sie glauben, ganz fest!
Dranbleiben und
alles geben, bis zuletzt!

Armer Schlucker
Der Letzte im Bunde!?
Eines Tages,
schlägt auch deine Stunde!
Scheiß Depression –
LECK MICH AM ARSCH!
Ich gehe meinen Weg und
blase dir den Marsch!

Zwei Optionen in
meinem harten Fight –
Bei meinem Gegner,
meinem schlimmsten Feind
Es geht um -Sieger sein-
Depression oder ich –
Keiner kennt
meinen Gegner besser als ich!

Depression 16.03.2022

ZURÜCK INS LICHTERMEER

Der Kopf so randvoll!
Das Herz schmerzt sehr
Unerträglich ist im Leben,
wieder mal ein Tag mehr!

Ich finde keinen guten Ansatz mehr
Die Seele wiegt wie Blei so schwer!
Überfüllte Räume, überlaufene Straßen
Doch in mir ist es so leer!

Ich fühle mich so verloren
im Gefüge der Zeit!
Meine Wege waren lang und die,
die noch kommen verlaufen weit!

Gemüt und Verstand, haben alles
gegeben und sind ausgebrannt!
Herz und Seele, haben es Tränen-schwer
aus der Dunkelheit zurück ins Lichtermeer!

Wolken, Schatten und Nebel –
Sie verhängen den Himmel dicht!
Selbst die letzte Kerze, sie verliert
ihr hellscheinendes Licht!

ABGEZOCKT!

Die haben Geld gemacht und abgezockt!
Von Festival zu Festival –
Bei Heavy Metal abgerockt!

Die Bands und die Künstler,
die sind ihnen doch scheißegal!
Am Ende des Tages interessiert bloß
der Kasse hohe Umsatzzahl!

Und die Fans brauchen Leitwege und Idole
Und die Macher schaffen – machen fette Kohle!
Start vom Kartenvorverkauf und ausgebucht!
Keine Chance auf Ticket!? Fuck it up! Verflucht!

Die Einen machen eine
Schlammschlacht im Schlamm,
dafür ist der Schlamm gedacht!
Die Anderen machen eine
Schlammschlacht um Schotter und Kies,
sie haben nur an sich selbst gedacht!

Und die Teams kommen raus –
Sie laufen auf und treten auf!
Sie machen ihr Ding!
Sie ziehen es durch, vielleicht aus Freude –
Vielleicht aus Überzeugung für den
reinwirtschaftlichen Zweck und zum Ertrag-Erbring!

Und je älter du wirst,
desto mehr durchschaust du ihr Spiel!
Dein Besuch nutzt ihnen reichlich, denn
Kohle machen sie mit jedem Einzelnen –
So in der Summe, also viel!

Und wir sollen knausern!
An allen Ecken und Enden sparen –
An und für einen CENT-Betrag!?
Bei denen blinken die Euros wie die
Dollar-Zeichen! Man was für ein Verarsche-Tag!

UNGERECHTIGKEIT & HUNGERSNOT

Ich bin nicht verbittert!
Ich bin nicht ignorant und kalt!
Doch viele Menschen haben mein Herz gequält,
mit aller Gewalt!
Erlebnisse und Erfahrungen,
sie machten mich zu dem der ich bin!
Ich biete nicht mehr meine Hilfe jedem an!
Nur noch, wenn ich es wirklich will!

Gutes Herz auch weiterhin!
Aber unter besonderem Schutz!
So leicht wie früher und schamlos –
So werde ich nicht mehr ausgenutzt!
Und dass ich depressiv wurde,
ist auch von keinem großen Wunder geprägt!
Wenn man mal betrachtet,
was in dieser Welt mit der Menschheit abgeht!

Viele Menschen sind mehr als nur schlecht!
Egoistisch, falsch, dreckig, schleimig, selbstverliebt!
Darum überlegt man irgendwann –
wem man sein letztes Hemd doch wirklich gibt!
Hass, Kriege, Terror, Ungerechtigkeit –
Für die Liebe zur Welt, ist für viele keine Zeit!
Armut, Elend und Hungersnot –
Wir alle verantworten das Leid, Verderb und Tod!

Depression, Psyche 21.03.2022
DER STURM TOBT

Nur ich allein kann die Hebel
in Bewegung setzen –
Eine Richtungsänderung einschlagen,
die Messer schärfen und wetzen!
Ich gehe tagtäglich allein meinen
Gang bis in die Nacht, vom Morgen an!
Was ich fühle, wie ich leide, wie ich mich
quäle – dies fühlt kein anderer, man!

Diese verfickte finanzielle Erpressbarkeit,
mit der man uns kleinhalten will –
Ich habe die Schnauze so voll!
Der Sturm er tobt, legt sich nicht still!
Ich weiß vom Fluchen und von depressiver
Scheiße schreiben, davon wird's nicht besser!
Doch was soll ich noch tun!?
Was bleibt mir noch, es wird nie besser!

Kein Zaubertrank, kein Energy-Drink
beflügelt und schafft ein neues Leben!
Kein Einhorn das Feenstaub mal eben furzt!
Wie tief kann mein Sinken denn noch gehen!?
Ich habe keinen Bock mehr
Mein Schädel ist voll, das Herz ist leer!
All die Wege, sie waren so weit –
Das Ziel rückt ferner mehr und mehr!

EINFACH FLIESSEN

Ich lass einfach fließen, wie die Zeilen sich ergeben!
Ich lass den Regen gießen, er strömt durch mein
Leben!
Sintflut und Sturm, ein Untergang kurzerhand!
Kein Rettungsboot, kein Turm, ich saufe ab, seh' kein
Land!
Alles so traurig, Seele in Not, der letzte Ast bricht –
Ich ertrinke und gehe unter, bei vollem Bewusstsein
und Verstand,
der noch versucht und zu mir spricht;

„Qual, lediglich da, nur für eine gewisse Lebenszeit"
„Eine Zahl, sie ist ohne Bedeutung in der Ewigkeit"
„Rosen und Früchte, waren in Garten Eden"
„Der Tod führt uns, so können wir ihn betreten"

Willkommen am Anfang, hoch die Hände!
Von der Hochzeit zur Scheidung, bitteres Ende!
Von der Gemeinsamkeit und Vereinigung –
Zu der Verabschiedung und Teilung!

Freude und Trauer
Zeit und zeitlos
Das Leben ist krass!
Weit und so groß!
Ich habe bezahlt für alle Konsequenz, ist das Feuer
erst am Lodern, dauert es nicht mehr lange bis es
brennt!

Gedanken und Ideen habe ich viele!
Weiß ich manchmal nicht wohin, mit dem was ich fühle!
Sie strömen und fließen, in Unmengen, sie gießen!
Plätschern durch die Hirnareale, Visionen, Wünsche – fiktive und reale!
Wir vergessen so viel!
Vieles wird geschluckt vom Strom der Zeit!
Ist da, wirklich nix was bleibt!?
Nix – für allen Bestand der Ewigkeit!?

Es ist leicht zu fallen, wie der Regen selbst
Es geht nieder-Schlag auf Schlag, wenn du fällst!
Selbst diese Traurigkeit findet Zeile in einer Ballade?
Sonne kommt wieder, also warte getrost auf kommende Tage

TRAUER

Ich empfinde nichts als Frust und Schmerz
Schwere im Herz!
Kalt ist der Winter, so dunkel und eisig
der März!

Doch die Sommerzeit nähert sich
Sie schreitet zeitlich voran!
Ich hoffe und glaube, der Sommer rettet mich
vor dem Untergang!

Tagtäglich schleppe ich den Frust,
der den Platz meiner Freude einnimmt!
Der die Freude verdrängt, der das Herz beklemmt
und die Seele einengt!
Tagtäglich hoffe, träume und bete ich –
Dass für mich ein neues Leben anfängt!

Ich trage die Trauer durch den Tag!
Was ich fühle, ist was keiner fühlen mag!
Ich lebe voller Schmerz und mit Verzweiflung,
doch halte ich mich hoch, tapfer und eifrig!?

Die Tage machen es mir schwer!
Mein Gemüt ist unbekümmert!
Rücksicht nimmt es keine mehr!
Jegliche Fülle aufgebraucht, restlos leer!

So schreibe ich im Geschehen
meines Geistes, meiner Vernunft!
Hoffe ich doch stets das Beste,
so heißt es – MEINE ZUKUNFT –

Das eigene Leben bleibt auf
der Strecke liegen!
Hauptsache man arbeitet! Man Arbeit hat,
man Arbeit macht! Man ist am Arbeitsplatz!

Psyche, Abgrenzung, 12.03.2022
ÜBERFORDERUNG

Abgrenzung und Hypersensibilität
Ein Versuch diese zu beschreiben,
zu jeglicher Vorstellungskraft –
vielleicht im Reimgedicht nun diese Zeilen

Man kann sich vorstellen, ich betrete eine
riesige Halle, vielleicht eine Bahnhofshalle
Überall sind Kiosks und Menschengruppen,
Bewegungen sind im Gange
Die Wahrnehmung ist ein Vergleich wie
der Montag – Also ein Wochenbeginn

Am Dienstag betrete ich erneut diese riesige Fläche,
mit Gesprächen und Informationen vom Vortag, treffe
ich
auf neue Situationen
Doch es ist Dienstag, so vermischen sich Gedanken,
Momente und nicht Verarbeitetes vom Montag

Der Mittwoch, also Folgetag auf Dienstag –
Der Kopf ist so voll mit ungefilterten Informationen!
Überall vernehme ich zunehmend starke Geräuschs-
Kulissen
Ich bin überfordert alles zu sortieren, ich bin verwirrt,
verirrt!

Am Donnerstag nehme ich vermehrt Stimmen wahr,
alle in einem Durcheinander! Musik und laute
Geräusche
kreuzen quer durch diese riesige Halle, sie preschen
förmlich!
Das Licht blendet, die grellen Informationstafeln
beeinträchtigen mich
und mein ganzes Auffassungsvermögen!

Freitag, keine Abgrenzung ist mehr in irgendeiner
Form möglich!
Alles aus der Woche hat sich zu einem Knäuel
zusammengestaut!
Eine feste Masse! Der Kopf er kribbelt!
Nerven sie zucken, nix geht mehr! Einfach nix mehr!
Stresszustand! Er reizt mich und macht mich aggressiv!

Dies ist mein tagtäglicher und wochenlanger,
im Monat getakteter und treibender Ablauf!
Seit Jahren schon, lebe ich so!
Es strengt neben der eigentlichen Arbeit und Pflicht,
so sehr an, mich auf alles zu konzentrieren!

Diese Beschreibung war noch eine
„harmlose und schöne Darstellung"
Wenn aber, der Montag sich wie der Freitag schon
anfühlt und es mir Anfang der Woche wie am Ende
geht…

Dies strapaziert meine Nerven!
Alles vermischt sich, daraus folgen;
Schlafmangel
Schlafstörungen, Erschöpfung
Kribbeln, Zucken, Schwindel, Ohnmacht
Angst, Panik, Zweifel, Atemnot teilweise!

Ich fühle mich, als würde ich fallen!
Ein Sturz in haltlose Tiefe!
Ein Abgrund ohne Boden!

Abgrenzung für da und dort!
Und auch für hier –
Abgrenzung und Differenzierung,
ziehe ich eine Linie auf Papier!

Abgrenzung und Prioritätenliste
Abstand und zu nah dran –
Eines Tages breche ich aus, dieser Tag kommt!
Ich weiß es, er kommt irgendwann!

Rap-Format 07.03.2022
KINDESEMPFINDEN

Als Kind hatte ich noch Zeit zum Lernen!
Ich hatte noch Zeit zum Spielen!
Fehler wurden belächelt, wurden verziehen!
Wo bin ich nur im Laufe der Zeit auf der Strecke
geblieben!?

Jede Träne, die lief fand noch Trost!
Auf jene Wunde wurde mal gepustet!
Wie das Pusten auf die Blume,
bei der man sich etwas wünschen konnte!

Es war definitiv eine andere Zeit!
Ob besser oder schlechter, kann mein
Kindesempfinden nicht mehr definieren oder
beschreiben, sie war anders und wir hatten noch
Freude, mehr noch als heute!

Der kleine, aber feine Unterschied dieser Zeit
Die Einen schaffen Probleme!
Die Anderen, die haben Probleme!

Und nun sitze ich so da, wünsche mir
einfach nur mal wieder bessere Zeiten!
Auf allen Wegen bitte! Auf den nahen
und auch den fernen und noch so weiten!

Mal wieder Freude und lächelnde Gesichter
In aller Dunkelheit strahlende Lichter!
Doch die Zeiten sie sind so aussichtlos!
Und der Blick aufs Gute, der wird immer dichter!

Alles um mich herum, es zerbricht!
Worte und Momente verlieren an Gewicht!
Bedeutungslos wie der Tatbestand über
einstige Vergangenheit doch spricht

Und auch die Leere in mir spricht Bände!
Ich starre stumm an farblose Wände!
Ich versinke tief in mir selbst ohne Halt!
Woran greife ich mich in diesem Spalt!?
Ich spüre nix, außer Verlust!
Und ich, ich verliere mich selbst!

AN MEINER SEITE

Asche fällt durch den Wind der Zeit
Der Sand stockt in der Uhr, was bleibt!?
Die Dürre sie trocknet den Regen aus!
Das Kind im Labyrinth, findet es den Weg Nachhaus´!?
Keine Wolke, kein kleiner Lichtblick
weist den Weg!
Woher weiß das Kind, woher es kam,
wohin es geht!?

Im Spiegelbild erkennt sich
das Kind nicht!
Der Spiegel bricht das Bild, alles Sichtbare
wird unerkenntlich!

Bedenklich, bedrängend, einengend
und einklemmend,
so besinnt sich das Kind und beginnt,
mit der Strophe die es singt;

Führe mich aus der Dunkelheit
Bleib an meiner Seite
Bitte versehre mich vor dem Unheil,
bleib an meiner Seite

Schütze mich vor der Dunkelheit
Begleite mich auf dieser Reise
Ich schließe die Augen vor dem Unheil,
ich bitte dich, bleibe an meiner Seite!

Die Sonne sie verfärbt sich zum
Schattenplaneten
Kein Gewächs, welches mehr von
nun an entsteht

Üble Wurzeln ernten Verderb
Erloschenes Licht,
das die Welt nun zum Erbe trägt!

Bis die letzte Hoffnung aber verkümmert ist,
ist das Kind, was singend spricht;

Führe mich aus der Dunkelheit
Bleibe an meiner Seite
So wandle ich durch diese Zeit,
nicht ganz allein!

Arbeitsplatz 26.03.2022
SCHIMMELBUDE

Eigentlich wäre heute ein schöner
Samstagmorgen, ein schöner freier Tag –
Am Wochenende, doch ich darf wieder mal
zum Job, voller Jubel – „Hoch die Hände"

Wieder mal eine Prüfungsaufsicht
Wie alle 4 Wochen so üblich –
So bin ich gespannt welches Chaos,
heute wieder reinbricht!

Nach Übermüdung und Erschöpfung von der
ganzen Arbeitswoche, hätte ich Besseres zu tun!
Zwicken der Nerven, Beklemmung von Herz und
Brust, vielleicht mich mal auszuruhen!

Doch, darf ich gleich wieder sitzen im
Prüfungsraum bei aller Stille –
In dem Raum der stinkt! Der muffelig ist
und es riecht nach Schimmel!

Schimmelbude – dieser Begriff sich mir
grad' in den Sinn doch schleicht
Passendes Wort, welches meinem Arbeitsplatz
so toll und trefflich doch auch gleicht!

Am Prüfungstag erschienen viele Gesichter
Angemeldete, registrierte und auch
Nichtangemeldete!

Ausweiskontrolle! Irgendwie sind irgendwo
noch Plätze frei!
Es wird rumgenörgelt, umgeschmissen,
die Arbeit der Dokumentenverwaltung im Vorfeld,
ist allem Zweck überflüssig und einerlei!
Immer wieder der gleiche Ablauf,
das gleiche Geschehen!
Prüflinge erscheinen oder bleiben fern,
Leute kommen, die nicht auf der Liste stehen!

Mündliche Absprachen wieder mal mit
Dem „Projekt – Leiter" vereinbart
Im Ungewissen alle aber gelassen!
Doch abkassiert! Schon lange bezahlt!

Prüfungsräume sind beschriftet,
es wird an Tür und Fenster geklopft!
Es wird gar gehämmert, in der Prüfung –
Da wird geflüstert, gelacht und geträllert!

Diese Prüfung nennt sich fachgrecht
D T Z
Chaos und ein Nichtverständnis
Dies trifft es aber echt!

Nach Ende der schriftlichen Prüfung,
vor Beginn der mündlichen, da gibt's Tumult!
Die Teilnehmerprüfungsliste war der Streitpunkt!
Dieses Szenario, es ist schon DTZ-Kult!

Vor der Prüfung wird 100-mal gesagt;
„Tauschen und Wunschkonzept ist nicht"!
Sie verstehen es genau, doch wollen
nicht verstehen was man ihnen spricht!

Dies war der letzte Arbeitsplatz für mich,
im Teilnehmer- und Bildungsbereich!
Weil mir das asoziale verwalten der Menschen
und dieses Diskutieren aber wahrlich reicht!

Christian Hofmann, geb. 05.03.1986

in Biedenkopf bei Marburg.

Der Autor lebt im mittelhessischen
Marburg an der Lahn.

Dort begann im Jahr 2006 sein
Sammelwerk, welches er bislang unter
der Reihe ~Entgegen der Zeit~
publizierte.

In Erinnerung und Gedenken an die
ENTGEGEN DER ZEIT-REIHE.

VIELEN DANK, DASS SIE SICH FÜR
DIESES BUCH ENTSCHIEDEN HABEN

HERZLICHST IHR AUTOR,

CHRISTIAN HOFMANN

Erster Band:

Lyrische Wellenklänge von Christian Hofmann

Verfasst im FEBRUAR UND MÄRZ 2022

Publiziert unter Books on Demand

IM HIMMELSWIND

Große Gedanken hin und wieder mache ich mir
Im Lebensfluss stehe ich im Vergleich zu mir
Kein festes Haus, da draußen die Couch –
Feste Heimat nur unter meiner eigenen Haut

Umhergezogen durch schweren Gang
Nie angekommen bisher, geht mein Leben lang
Und ich sehe wie die Schatten ziehen und
ich kann sehen, wie die Schatten mich auch sehen

Reisendes verlorenes Kind –
Auf dem Weg im Himmelswind
Einsamkeit und der Trauer geweiht
Ein jedes Buch meine Pfade beschreibt

Ich reise durchs Leben und suche mein Heim
Unverstanden werde ich mir zum Reim!
Meine Gedanken, sie sprechen Bände
Meine Texte fallen nicht in aller Hände

Irdisches Leben bewohnt von meinem Innern,
meinen Gefühlen – von meinem Geist
Nur ich allein, weiß was für mich, –
doch am Leben zu sein heißt!

Bonusmaterial

Löwenzahn und Mohn

Wie Löwenzahn und Mohn
und Gänseblümchen auf
Gottes Wiese sprießen
und doch blühen

Wie die Sonne dem Wachsen
und Gedeihen Kraft verleitet –
Und wie Regen den Samen bewässert
und zum Wachstum beiträgt

So sind Wärme und Licht
und Wasser und Leben,
wahrlich doch Gottes Segen und
auch Gottes Reigen

Und wer hinschaut und das
Leben zu schätzen, weiß und pflegt,
dem wird Gott es im
Augenschein auch zeigen

Wer Natur. Grashalm und Insekt
doch als wertschöpfend erachtet,
so denke ich und glaube ich –
hat Gott auch einst der Mensch betrachtet!

Verstreut im Wind

Ich bin verstreut im Wind,
so wie der Sand am Meer
Ein einsames Körnchen,
es weht und treibt umher

Verloren in Gedanken,
aber trotzdem gehalten im Gefüge
Gefühl und Empfinden,
diesen Besitz habe ich zu genüge!

So benötige ich doch oft die Zeit
für mich ganz allein!
Ruhe und Ordnung finden,
gelingt mir in so manchem Reim

Leere Zeilen hier befüllen
Meinen Gedankenrausch austragen
Worte – Worte – Worte –
Sag, warum habe ich so viel zu sagen!?

Wo doch Worte, Verse, Reimgedichte meine
Sprache wurden, so schreibe ich doch stetig bedachter
So rau und fein zugleich ist
doch meine Lebensgeschichte

Meine Verse, meine Reime, wie würde
das Leben mich denn nur beschreiben!?
Bin selten am Lachen, doch ich lebe,
ich fühle, ich liebe und ich leide!

Lyriklicht & Versgestalt

Wind und Wetter, Sturm und Tau
Eis und Frost – heiß und kalt
Schotter, Kies und Kohle und Asphalt
Gräser, Wälder, Wiesen, Bäume schon so alt!

Lautstark, leise und so
still im Unterton
Farbpalette, buntgemischt bis
zum Monochrom!

Licht an, Licht aus!
Akustik – ohne Strom
In der Gleichung stehen;
Volt, Ampere und Ohm!

Bio-Physik – Chemiegemisch
Reines Stück Poesie aufgetischt!

Ich verfasse so gerne doch
im Reimgedicht
In aller Dunkelheit bringt mir die
Lyrik doch mein Licht!

Ich lebe wie ein Hypergedicht
im Kerzenschein und Lyriklicht
Meine Tagesform ist Versgestalt
Ich pflastere Worte auf dem Asphalt!

Gefangen im Gedicht

Befangen
Dies bin ich –
Gefangen
Im Gedicht

Ganz und gar lebendig
So bin ich am
Papier gestaltet
Von Wort und Schrift –
Linien und Züge,
diese zeichnen mich

Lyrische Gedanken,
die mich leiten, füllen
und mit Kraft betanken
Mein Leben,
jeder Atemhauch lebt sich
auf der Seite aus!

Träume, Visionen
und all meine Ideen –
sie entstehen, sie ziehen
durch meine geistigen Ströme
sind dort und vergehen

Auch die dunkelste Stunde

Wenn wieder mal Land unter ist
und Rettung nicht Sicht, dir scheint
Wenn auch die Hölle los bricht,
so lass dir doch gesagt sein;

Auch die dunkelste Stunde geht vorbei!
Der Mond wird leuchten in der Nacht!
Traurigkeit und Dunkelheit halten nur,
bis ein neuer Tag erwacht!

Nur wer aufsteht nach dem Fall,
der kann seiner Wege weitergehen!
Nur wer fällt und liegen bleibt,
wird die Sonne über sich nicht sehen!

Wenn du nicht mehr glaubst,
ist verloren alle Hoffnung, jeder Traum!
Wenn du aufgibst, wird es still und leer –
Einsamkeit umgibt dich im Raum!

Geht kein Schritt mehr vor,
dann setze einen zurück
Gibt dir einen Ruck und dann geh
wieder vor, auf zum nächsten Stück!

Gedanken und Reiseziele

Hunderte von Menschen im Tagesverlauf,
die am Busbahnhof stehen
So viele Gedanken und Reiseziele ersichtlich für mich,
ist die Differenzierung von Emotionen und Gefühlen,
die da sind, einsteigen und vergehen

Der Busbahnhofsplatz, wo sich am Gehsteig doch
Mensch und Tier Kopfsteinpflaster teilen
Tauben und Spatzen, Kinder und Erwachsene,
sie alle gemein ermöglichen mir diese hier
entstehenden Zeilen

An dem Platz, wo am Tage doch hunderte Menschen
und ebenso viele Tauben und Spatzen ihrer Zeit
verweilen, alle an ein und demselben Ort mit
verschiedenen Gedanken, manche mit dem Ziel doch
zu reisen, vielleicht doch nah, vielleicht auch fern –
Und bei allem was ich sehe, beobachte und mir ins
Auge sticht, ein Ding, ein Punkt, es unterscheidet uns
doch alle nicht;

Dieser kleine feine Tatbestand, dass Tier und Mensch
doch gemeinsam am Tisch oder am Asphalt, auf
Bänken gemeinsam trinkt und isst!
Ob die Gruppe mit dem Büchsenbier,
ob die Dame mit Hut und Hunde-Tier,
ob die Kinder mit Schokolade und Süßigkeiten –
das ist Leben, so schön es zu beschreiben!